AUTORES:

JOSÉ MARÍA CAÑIZARES MÁRQUEZ
CARMEN CARBONERO CELIS

COLECCIÓN: MANUALES PARA EL PROFESORADO DE EDUCACIÓN FÍSICA EN LA EDAD ESCOLAR

DEPORTE EDUCATIVO. SU ENSEÑANZA EN LA EDAD ESCOLAR

WANCEULEN
EDITORIAL DEPORTIVA

COLECCIÓN MANUALES PARA EL PROFESORADO DE EDUCACIÓN FÍSICA EN LA EDAD ESCOLAR

DEPORTE EDUCATIVO. SU ENSEÑANZA EN LA EDAD ESCOLAR.

AUTORES

José Mª Cañizares Márquez

- Catedrático de Educación Física
- Tutor del Módulo del Practicum del Master de Secundaria
- Especialista en preparación de opositores
- Autor de numerosas obras sobre Educación y Preparación Física

Carmen Carbonero Celis

- D. E. A. en Instituciones Educativas
- Licenciada en Pedagogía
- Maestra de Primaria y Secundaria en centros de Educación Compensatoria
- Didacta presencial del Módulo de Pedagogía General en el CAP
- Profesora de Pedagogía Terapéutica en Centro Educación Primaria

Título: DEPORTE EDUCATIVO. SU ENSEÑANZA EN LA EDAD ESCOLAR.

Autores: José Mª Cañizares Márquez y Carmen Carbonero Celis

Editorial: WANCEULEN EDITORIAL DEPORTIVA, S.L.

C/ Cristo del Desamparo y Abandono, 56   41006 SEVILLA

Dirección web: www.wanceulen.com

I.S.B.N. (PAPEL): 978-84-9993-511-9

I.S.B.N. (EBOOK): 978-84-9993-537-9

Dep. Legal:

© Copyright: WANCEULEN EDITORIAL DEPORTIVA, S.L.

Primera Edición: Año 2016

Impreso en España:

Reservados todos los derechos. Queda prohibido reproducir, almacenar en sistemas de recuperación de la información y transmitir parte alguna de esta publicación, cualquiera que sea el medio empleado (electrónico, mecánico, fotocopia, impresión, grabación, etc), sin el permiso de los titulares de los derechos de propiedad intelectual. Cualquier forma de reproducción, distribución, comunicación pública o transformación de esta obra solo puede ser realizada con la autorización de sus titulares, salvo excepción prevista por la ley. Diríjase a CEDRO (Centro Español de Derechos Reprográficos, www.cedro.org) si necesita fotocopiar o escanear algún fragmento de esta obra.

ÍNDICE

INTRODUCCIÓN 7

1. LOS DEPORTES. CONCEPTO Y CLASIFICACIONES. 9

    1.1. Concepto. Definiciones. 9

    1.2. Clasificaciones. 9

2. EL DEPORTE COMO ACTIVIDAD EDUCATIVA. 12

    2.1. El deporte, derecho de niñas y niños. 12

    2.2. El deporte en el Diseño Curricular. 13

    2.3. Aportaciones educativas del deporte. 16

3. DEPORTES INDIVIDUALES Y COLECTIVOS MÁS PRESENTES EN LA ESCUELA: ASPECTOS TÉCNICOS Y TÁCTICOS MÁS ELEMENTALES; SU DIDÁCTICA. 18

    3.1. Deportes individuales. Aspectos técnicos y tácticos elementales. Su didáctica. 19

        3.1.1. Su didáctica. 20

    3.2. Deportes colectivos. Aspectos técnicos y tácticos elementales. Su didáctica. 21

        3.2.1. Su didáctica. 23

CONCLUSIONES 28

BIBLIOGRAFÍA 29

WEBGRAFÍA 31

INTRODUCCION

Es complejo establecer la frontera entre algunos juegos y deportes, pues muchos de los deportes actuales fueron juegos del pasado y si nos proyectamos hacia el futuro es probable que algunos de los juegos, que hoy consideramos simples pasatiempos, adquieran la categoría de deporte (Paredes, 2003).

El R. D. 126/2014 especifica la importancia del juego y el deporte en nuestra área, así como sus aspectos educativos. También nos sugiere efectuar la iniciación deportiva al final de la Etapa, si antes el alumnado ha realizado correctamente los aprendizajes previos. Para ello se basa en la mejora motriz, en las relaciones socioafectivas, en sus valores y en la utilización del juego pre-deportivo y deportivo durante el tiempo libre para que éste sea saludable, aunque de lo que no cabe duda es que tanto juego como deporte son las líneas más comunes de entender la Educación Física en nuestro contexto social.

A lo largo del Tema veremos que el deporte es un fenómeno muy estudiado, prueba de ello son las numerosas definiciones, clasificaciones y puntos de vista distintos sobre la iniciación.

También incidiremos en los múltiples valores humanistas y educativos que tiene el deporte, siempre y cuando realicemos su iniciación de manera adecuada y saludable (Turro, 2013).

El deporte en la escuela está muy mediatizado por los recursos espaciales y materiales existentes, así como la posibilidad de que el alumnado lo practique en el tercer tiempo pedagógico, en las escuelas deportivas y pre-deportivas organizadas en el propio centro.

En los últimos años la metodología de la enseñanza deportiva ha progresado mucho, pasando de las concepciones tradicionales y analíticas a otras globales que tienen como eje el juego simplificado (Bengué, 2005). Debemos considerar las constantes que, formando parte de los deportes de equipo, nos permiten estudiar las diferentes posibilidades de construir una estructura pedagógica para la iniciación deportiva (Blázquez, 2013).

1. LOS DEPORTES, CONCEPTO Y CLASIFICACIONES.

Son muchos los conceptos y clasificaciones existentes en la bibliografía especializada. Las primeras definiciones tuvieron un carácter más restrictivo que la de los últimos tiempos, porque éstas tienen una concepción más amplia, abierta e integradora, distinguiendo el deporte que practican escolares, adultos y alta competición (Giménez, 2003).

1.1. CONCEPTO. DEFINICIONES.

El concepto de deporte ha ido evolucionando durante los últimos años, pero hay un conjunto de **características** que se han mantenido: **reglas** fijas estandarizadas, **competición, esfuerzo** físico y un **organismo** organizador de toda la estructura deportiva (Castejón, 2003). En el deporte, que para muchos tiene su origen moderno en Inglaterra (siglos XVIII y XIX), hay necesidad de organizar campeonatos, comparar resultados y establecer clasificaciones.

El Barón Pierre de Coubertin lo define como *"iniciativa, perseverancia, intensidad, búsqueda del perfeccionamiento, menosprecio del peligro"* (Giménez, 2003).

López Franco (2004), cita la definición de Cagigal (1979): *"Diversión liberal, espontánea, desinteresada, expansión del espíritu y del cuerpo, generalmente en forma de lucha, por medio de ejercicio físicos más o menos sometidos a reglas".*

Gómez Mora, (2003) *"actividad lúdica sujeta a reglas fijas y controladas por organismos internacionales que se practica de forma individual y colectiva".*

Hernández Moreno (1995) y Sáenz-López (2002) resumen varias definiciones reduciéndolas a estas cinco características de índole **externa**:

DEPORTE	**Juego**: Todos los deportes nacen como juegos, con carácter lúdico
	Situación motriz: Implican ejercicio físico y motricidad más compleja
	Competitivo: Superar marcas o al adversario
	Reglas: Son codificadas, estandarizadas e internacionales
	Institucionalizada: Está regido por instituciones oficiales, federaciones.

Todos los autores están de acuerdo en que durante la Enseñanza Obligatoria se debe tender a un deporte de tipo **educativo**, **recreativo** y **saludable**.

1.2. CLASIFICACIONES.

Son **múltiples** las clasificaciones existentes, todas ellas con normas propias y, en la mayoría de los casos, no coincidentes, pero todas tienen la finalidad de clarificar y situar los diferentes deportes en un marco de referencia. Los autores eligen multitud de **criterios** (Paredes, 2003). Por ejemplo:

- Las **capacidades** que se consideran más solicitadas por los participantes: deporte de fuerza, destreza, resistencia, velocidad y coordinación.
- Los **instrumentos utilizados**: balón, raqueta, deportes mecánicos...
- El **lugar de práctica**: al aire libre, patio, deportes de sala o de terrenos pequeños.

- La **naturaleza del substrato**: deporte de nieve o hielo, deportes aéreos o náuticos...
- El **número de participantes**: deporte individual, deporte colectivo, deporte de adversario.

Vemos algunas de las **clasificaciones más significativas**:

a) **Parlebas** (1988), del I.N.S.E.P. de París, considera cualquier **situación motriz** como un régimen de interacción global entre el **individuo** que se mueve, el **entorno** físico y los otros **participantes** (compañeros y contrarios). El factor "clave" es la noción de **incertidumbre** (inseguridad, inquietud) y que puede estar causada por los tres elementos anteriores.

Cuando no existe incertidumbre, porque el ejecutante actúa en solitario (salto de longitud), las denomina "*situaciones psicomotrices*". En cambio, cuando el individuo depende para su acción de la incertidumbre que provoca el medio físico (esquí), los contrarios (bádminton) o los compañeros y adversarios (fútbol), las llama "*situaciones sociomotrices*":

b) **Hernández Moreno** (1995), basándose en Parlebas, clasifica los deportes en cuatro grupos:

- Deportes **Psicomotrices** o individuales. Por ejemplo, los que usan un medio fijo (lanzamiento de disco) o fluctuante (windsurf).
- Deportes de **Oposición**. Son los individuales con enfrentamiento, por ejemplo tenis single.
- Deportes de **Cooperación**. Cuando participan dos o más compañeros sin adversarios. En un entorno fijo tenemos a patinaje por parejas y en uno fluctuante a la escalada.
- Deportes de **Cooperación-Oposición**. Cuando un equipo de dos o más jugadores se enfrenta a otro de sus mismas características. Por ejemplo, tenis dobles, baloncesto, etc.

c) **Riera** (1985 y 2005), los clasifica en:

- Deportes con Oposición:
    - Sin Cooperación (Judo)
    - Con Cooperación (Baloncesto)
- Deportes sin Oposición:
    - Sin Cooperación (Slalom especial en Esquí)
    - Con Cooperación (K-2 en Piragüismo)

d) **Blázquez** (2001), los clasifica en:

- Deporte educativo; deporte recreativo y deporte institucional.

e) Clasificación "**tradicional**". Es la normal en muchos estamentos: Individuales (atletismo o natación), Colectivos (baloncesto) y de Adversario (boxeo o tenis).

f) Ellis (en Werner y Almond, 1990):

- Deportes de **Territorio**: a) Portería: Fútbol, Hockey. b) Línea de marca: Rugby.
- Deportes de **Diana**: a) Con oponente: petanca. b) Sin oponente: Bowling.
- Deportes de **Sala**: a) Dividida: Tenis de Mesa. b) Con pared: Frontón.
- Deportes de **Campo abierto**: a) Rombo: Beisbol. B) Oval: Criquet.

g) Thorpe, Bunker y Almond

- Deportes de **Invasión**: Rugby, waterpolo, fútbol…
- Deportes de **Red/Pared**: Bádminton, tenis / Frontón, squash…
- Deportes de **Campo/Carrera**: Beisbol, criquet…
- Deportes de **Diana**: Golf, billar, bowling…

h) Zagalaz, Cachón y Lara (2014), establecen una clasificación "comparativa": individuales y colectivos; escolar y extraescolar; competitivo y educativo; reglado y alternativo; de espectador y de acción; para la guerra y para la paz; para todos y de aventura y riesgo; de tierra, agua y aire.

i) Clasificación "**educativa**". No podemos dejar de mencionar a otros "tipos" de deportes que, desde un punto de vista **educativo**, son muy importantes en Primaria (Cañizares y Carbonero, 2007):

- **Deporte Adaptado**: Con vistas a la iniciación escolar, se puede adecuar según los objetivos y el alumnado participante. Por ejemplo, modificación de los recursos espaciales, materiales o personales, el reglamento, los participantes, etc. Se subdivide en dos:
  - Deporte "Reducido": (Los "minis"). Son muy adecuados para los escolares que se inician al deporte. Se restringen muchos elementos para facilitar su práctica, por ejemplo peso y tamaño del balón, dimensiones de terrenos y porterías, etc. Es el caso de fútbol-7, mini-basket, minivoleibol, etc. Está reconocido por las federaciones y tienen sus campeonatos oficiales. Es la "cantera".
  - Deporte "Especial": Tiene un gran auge a partir de los llamados "Specials Olimpics", tras los JJ.OO. de Barcelona-92, y gracias al mecenazgo de la O.N.C.E. y otras organizaciones sin ánimo de lucro (ONGs). Está adaptado a las necesidades especiales -discapacidades físicas, psíquicas o sensoriales- de quienes participan. Hoy día están en plena evolución y estudio. Así, baloncesto en silla de ruedas, boccia o petanca para paralíticos cerebrales, etc.
- **Juegos Predeportivos**: No son deportes como tal, pero de gran valor educativo y didáctico hacia la iniciación, sobre todo en **Primaria**. Son todos aquellos que tienen las características de los deportivos (competitivos, motrices y reglas más o menos complejas), pero que no están regulados por ninguna federación. El reglamento (dimensiones, tiempo de juego, etc.) está acomodado al contexto del grupo. Por ejemplo, el "Balón-Tiro", Balón-Torre", "Diez pases", etc.

No obstante lo anterior, existen **otras** clasificaciones. Podemos mencionar las de Bouchard (1974), Durand (1976), Matveiev (1981), Blázquez (1986), Read y Devís (1990).

2. EL DEPORTE COMO ACTIVIDAD EDUCATIVA.

Desde un prisma histórico, el juego competitivo ha tenido un papel muy importante. Ya desde tiempos remotos se integró en la conciencia individual y colectiva de cualquier sociedad, pasando a formar parte de su patrimonio cultural. Hoy día, siglo XXI, el deporte es el fenómeno cultural más importante (Soriano, 2015).

Además, son las actividades por las que el alumnado muestra más interés y le dedica más tiempo fuera del horario escolar (Castejón y otros, 2013). Un deporte es educativo cuando permite el desarrollo de sus aptitudes motrices y psicomotrices, en relación a los aspectos afectivos, cognitivos y sociales de su personalidad (Le Boulch, 1991). De hecho, la actividad deportiva de iniciación es muy común como contenido en los llamados "**recreos inteligentes**".

La celebración de la Olimpiada de Barcelona-92 fue el detonante que hizo **incorporar** definitivamente el deporte a la **escuela**, incluyendo el "deporte especial". No obstante, en nuestra región debemos señalar que los numerosos eventos que tienen lugar en Andalucía suponen un catalizador para nuestro alumnado. Por ejemplo, los Juegos del Mediterráneo (Almería-2005) y los numerosos campeonatos europeos y mundiales ya celebrados y los que tendrán lugar en los próximos años.

La actividad deportiva sólo puede acceder a niveles educativos cuando en su planteamiento tenga como referencia a la persona que la realiza y no el posible resultado (Seirul.lo, 1995). El objetivo no es el deporte, sino quién lo practica; no el movimiento, sino el escolar que se mueve; no el deporte, sino el deportista (Blázquez, 1995).

Por último, señalar la importancia de los medios de comunicación, la **televisión** sobre todo, en la divulgación de los grandes eventos deportivos y la **captación** que de ellos hacen nuestros alumnos y alumnas, así como los portales de Internet que son de índole deportiva.

Para que un deporte sea educativo y contribuya a la formación del alumnado debe tener una serie de características (Feu e Ibáñez, 2001):

- Ausencia de discriminación
- Que fomente la autonomía personal
- Que le sirva para dar contenido al tiempo de ocio y vacacional
- Que la competición esté orientada al proceso y no a conseguir la victoria por encima de todo
- Posea una práctica divertida
- Favorezca la comunicación, creatividad y expresión
- Sea saludable y cree también estos hábitos
- Aumente la habilidad motriz y la condición física
- Enseñe a valorar y respetar las capacidades propias y las de los demás
- Permita la reflexión y la toma de decisiones

2.1. EL DEPORTE, DERECHO DE NIÑAS Y NIÑOS.

La Convención de **Naciones Unidas** sobre los Derechos del Niño (1989) se reconoce el derecho a dedicarse al juego y a actividades recreativas propias de su edad y al fomento de la organización y adecuación de medios apropiados para su ejercicio en condiciones de igualdad para un mejor desarrollo de sus facultades físicas y anímicas, intelectuales, artísticas y éticas.

La **Carta Europea del Deporte** (1992) entiende por deporte *"cualquier forma de actividad física que, a través de una participación organizada o no, tiene por objetivo la expresión o la mejoría de la condición física y psíquica, el desarrollo de las relaciones sociales o la obtención de resultados en competición de todos los niveles"*.

El Manifiesto Europeo sobre los Jóvenes y el Deporte, recomendación del Comité de Ministros de la Unión Europea adoptada el 12/10/1995, recoge en su artículo tercero: "El deporte en todas sus formas será accesible a todos los jóvenes sin discriminación alguna, ofrecerá posibilidades iguales a chicas y chicos y tendrá en cuenta cualquier exigencia particular de cada tramo de edad o de cada grupo que tenga necesidades específicas (Soriano, 2015).

2.2. EL DEPORTE EN EL DISEÑO CURRICULAR.

El R.D. 126/2014 cuando se refiere a los cinco **elementos curriculares** de la programación, hace referencia a las situaciones que se producen en la actividad deportiva individual, de oposición y colectivos:

*a) **Acciones motrices individuales en entornos estables**: suelen basarse en modelos técnicos de ejecución en los que resulta decisiva la capacidad de ajuste para lograr conductas motrices cada vez más eficaces, optimizar la realización, gestionar el riesgo y alcanzar soltura en las acciones. Este tipo de situaciones se suelen presentar en las actividades de desarrollo del esquema corporal, de adquisición de habilidades individuales, la preparación física de forma individual, el atletismo, la natación y la gimnasia en algunos de sus aspectos, entre otros.*

*b) **Acciones motrices en situaciones de oposición**. En estas situaciones resulta imprescindible la interpretación correcta de las acciones de un oponente, la selección acertada de la acción, la oportunidad del momento de llevarla a cabo, y la ejecución de dicha decisión. La atención, la anticipación y la previsión de las consecuencias de las propias acciones en el marco del objetivo de superar al contrario, son algunas de las facultades implicadas. A estas situaciones corresponden los juegos de uno contra uno, los juegos de lucha, el judo, el bádminton, el tenis, el mini-tenis y el tenis de mesa, entre otros.*

*c) **Acciones motrices en situaciones de cooperación, con o sin oposición**. En estas situaciones se producen relaciones de cooperación y colaboración con otros participantes en entornos estables para conseguir un objetivo, pudiéndose producir que las relaciones de colaboración tengan como objetivo el de superar la oposición de otro grupo. La atención selectiva, la interpretación de las acciones del resto de los participantes, la previsión y anticipación de las propias acciones atendiendo a las estrategias colectivas, el respeto a las normas, la capacidad de estructuración espacio-temporal, la resolución de problemas y el trabajo en grupo, son capacidades que adquieren una dimensión significativa en estas situaciones; además de la presión que pueda suponer el grado de oposición de adversarios en el caso de que la haya. Juegos tradicionales, actividades adaptadas del mundo del circo, como acrobacias o malabares en grupo; deportes como el patinaje por parejas, los relevos en línea, la gimnasia en grupo, y deportes adaptados, juegos en grupo; deportes colectivos como baloncesto, balonmano, béisbol, rugby, fútbol y voleibol, entre otros, son actividades que pertenecen a este grupo.*

La **O. 17/03/2015**, indica en su **Introducción** que *"fomentar el deporte escolar como práctica deportiva que se programa y desarrolla desde el centro educativo requiere el fomento de esa práctica desde un **enfoque lúdico-recreativo**, donde predomina el desarrollo de **valores** educativos como la **cooperación-colaboración**, la*

coeducación, la ***solidaridad***, *la igualdad de oportunidades. A partir del diseño, desarrollo y evaluación de juegos y actividades de carácter cooperativo y de cooperación-oposición aumentaremos la participación del alumnado en condiciones de igualdad de sexo,* ***reduciendo la competitividad*** *y aumentando el grado de* ***autonomía*** *del alumnado, así como la* ***creatividad*** *en los juegos y actividades que se desarrollan".*

De los demás **elementos** curriculares, destacamos:

a) **Competencias Clave**:

El área de Educación física contribuye de manera esencial al desarrollo de las **competencias sociales y cívicas**. Las características de la Educación física, sobre todo las relativas al entorno en el que se desarrolla y a la dinámica de las clases, la hacen propicia para la educación de habilidades sociales, cuando la intervención educativa incide en este aspecto. Las actividades físicas y en especial las que se realizan colectivamente son un medio eficaz para facilitar la relación, la integración, el respeto y la interrelación entre iguales, a la vez que contribuyen al desarrollo de la cooperación solidaria.

La Educación física ayuda a la consecución de la competencia del **sentido de iniciativa y espíritu emprendedor** en la medida en que emplaza al alumnado a tomar decisiones con progresiva autonomía en situaciones en las que debe manifestar auto superación, perseverancia y actitud positiva. También lo hace, si se le da protagonismo al alumnado en aspectos de organización individual y colectiva de las actividades físicas, deportivas y expresivas. El juego motor aporta a la consecución de esta competencia estas habilidades esenciales: capacidad de análisis; capacidades de planificación, organización, gestión y toma de decisiones; capacidad de adaptación al cambio y resolución de problemas; comunicación, presentación, representación y negociación efectivas; habilidad para trabajar, tanto individualmente como dentro de un equipo; participación, capacidad de liderazgo y delegación; pensamiento crítico y sentido de la responsabilidad; autoconfianza, evaluación y auto-evaluación, ya que es esencial determinar los puntos fuertes y débiles de uno mismo y de un proyecto, así como evaluar y asumir riesgos cuando esté justificado (manejo de la incertidumbre y asunción y gestión del riesgo).

El área contribuye a la **competencia de aprender a aprender** mediante el conocimiento de sí mismo y de las propias posibilidades y carencias como punto de partida del aprendizaje motor desarrollando un repertorio variado que facilite su transferencia a tareas motrices más complejas. Ello permite el establecimiento de metas alcanzables cuya consecución genera autoconfianza. Al mismo tiempo, los proyectos comunes en actividades físicas colectivas facilitan la adquisición de recursos de cooperación.

Desde este área se contribuye en cierta medida a la **competencia digital** en la medida en que los medios informáticos y audiovisuales ofrecen recursos cada vez más actuales para analizar y presentar infinidad de datos que pueden ser extraídos de las actividades físicas, deportivas, competiciones, etc. El uso de herramientas digitales que permitan la grabación y edición de eventos (fotografías, vídeos, etc.) suponen recursos para el estudio de distintas acciones llevadas a cabo.

El área también contribuye en cierta medida a la adquisición de la **competencia en comunicación lingüística**, ofreciendo gran variedad de intercambios comunicativos, del uso de las normas que los rigen y del vocabulario específico que el área aporta.

b) Objetivos de **Etapa**:

El deporte está claramente citado en el objetivo "**k**": "*Valorar la higiene y la salud, aceptar el propio cuerpo y el de los otros, respetar las diferencias y utilizar la educación física y el deporte como medios para favorecer el desarrollo personal y social*".

c) Objetivos de **Área**:

El deporte es mencionado en dos de los objetivos, aunque está también relacionado con otros. Por ejemplo, el 4: "*Adquirir, elegir y aplicar principios y reglas para resolver problemas motores y actuar de forma eficaz y autónoma en la práctica de actividades físicas, deportivas y artístico expresivas*". También el 8: "*Conocer y valorar la diversidad de actividades físicas, lúdicas y deportivas como elementos culturales, mostrando una actitud crítica tanto desde la perspectiva de participante como de espectador*".

d) **Contenidos**:

- **Bloque 4**, "***El juego y el deporte escolar***": desarrolla contenidos sobre la realización de diferentes tipos de juegos y deportes entendidos como manifestaciones culturales y sociales de la motricidad humana. El juego, además de ser un recurso recurrente dentro del área, tiene una dimensión cultural y antropológica.

Así pues, la iniciación deportiva tendrá un carácter abierto y participativo, sin discriminación de ningún tipo, tendrá unos objetivos globales, no únicamente motrices, y evitará la excesiva importancia que se le suele dar al resultado.

a) **Evaluación**: Sobre todo, los criterios 3, 4, 8 y 13, sin olvidarnos de otros.

C. 3. Resolver retos tácticos elementales propios del juego y de actividades físicas, con o sin oposición, aplicando principios y reglas para resolver las situaciones motrices, actuando de forma individual, coordinada y cooperativa y desempeñando las diferentes funciones implícitas en juegos y actividades.

C. 4. Relacionar los conceptos específicos de educación física y los introducidos en otras áreas con la práctica de actividades físico deportivas y artístico expresivas.

C. 9. Opinar coherentemente con actitud crítica tanto desde la perspectiva de participante como de espectador, ante las posibles situaciones conflictivas surgidas, participando en debates, y aceptando las opiniones de los demás.

C. 13. Demostrar un comportamiento personal y social responsable, respetándose a sí mismo y a los otros en las actividades físicas y en los juegos, aceptando las normas y reglas establecidas y actuando con interés e iniciativa individual y trabajo en equipo.

Algunos ejemplos de **estándares**, son:

3.2. Realiza combinaciones de habilidades motrices básicas ajustándose a un objetivo y a unos parámetros espacio-temporales.

4.3. Distingue en juegos y deportes individuales y colectivos estrategias de cooperación y de oposición.

9.4. Reconoce y califica negativamente las conductas inapropiadas que se producen en la práctica o en los espectáculos deportivos.

13.5. Acepta formar parte del grupo que le corresponda y el resultado de las competiciones con deportividad.

La ley 17/2007, de 10 de diciembre, de Educación de Andalucía (L. E. A.). B. O. J. A. nº 252, de 26/12/07, indica en su artículo 51, sobre *"la promoción del deporte en la edad escolar"*, que *"la Consejería competente en materia de educación promocionará la implantación de la práctica deportiva en los centros escolares en horario no lectivo, que tendrá, en todo caso, un carácter eminentemente formativo"*. Este mismo documento legislativo, en el artículo 50.3, indica que *"los centros docentes de educación infantil, educación primaria y educación secundaria ofrecerán, fuera del horario lectivo, actividades extraescolares que aborden aspectos formativos de interés para el alumnado. Asimismo, fomentarán actuaciones que favorezcan su integración con el entorno donde está ubicado"*.

Por otro lado, es preciso que mencionemos a la Orden de 6 de abril de 2006 de la Consejería de Educación de la Junta de Andalucía, por la que se **regula** la organización y el funcionamiento de los centros docentes públicos autorizados para participar en el programa "**El deporte en la escuela**". En resumen, regula la actividad física y deportiva, recreativa y competitiva, realizada con carácter voluntario por escolares, en horario no lectivo, desde su incorporación a la Educación Primaria hasta la finalización del período de escolarización obligatoria.

Tiene, entre sus objetivos, fomentar la adquisición de hábitos permanentes de actividad física y deportiva, utilizar el deporte como elemento de integración del alumnado de necesidades educativas especiales, influir en el clima del centro, ayudando a la integración de colectivos desfavorecidos, como inmigrantes o deprimidos socioeconómicos, entre otros, y hacer de la práctica deportiva un instrumento para la adquisición de valores como la solidaridad, la colaboración, el diálogo, la tolerancia, la igualdad entres sexos, el juego limpio (VV. AA. 2008).

Las modalidades deportivas básicas del programa son baloncesto, balonmano, fútbol sala y voleibol, como deportes colectivos, y atletismo y ajedrez, como deportes individuales. Las categorías abarcan desde los pre benjamines -7 y 8 años- hasta los cadetes -15 y 16 años. Los equipos serán femeninos, masculinos y mixtos (VV. AA., 2006).

El programa se completa con otras dos vertientes: los Encuentros Deportivos Escolares de Andalucía (EDEA), y los Encuentros Deportivos de Residencias Escolares, de periodicidad anual.

La O. de 05/11/2014, modifica la de 03/08/2010, por la que se regulan los servicios complementarios de la enseñanza de aula matinal, comedor escolar y actividades extraescolares en los centros docentes públicos, así como la ampliación de horario (BOJA nº 233, de 28/11/2014).

2.3. APORTACIONES EDUCATIVAS DEL DEPORTE.

a) **Aportaciones en valores**.

Uno de los aspectos que más destacan del deporte educativo es la educación en **valores**, habida cuenta que éstos forman parte importante de cualquier proyecto social y educativo (Ortega y Mínguez, 2001). Debemos inculcar al alumnado una serie de valores o conductas que les permitan en el futuro ser unos ciudadanos más solidarios, democráticos y comprometidos socialmente (Álvarez Medina, 2011).

Es preciso que desde la escuela reivindiquemos el potencial humanizador del deporte. Basándonos en una concepción integral y armónica del ser humano, observamos muchas virtudes humanistas que presenta el fenómeno deportivo, incidiendo de manera especial en su dimensión axiológica y psicosocial. La praxis deportiva, **bien encauzada desde el principio**, puede proporcionarnos unos **valores claves** en el proceso de construcción personal, en nuestro camino de educación moral y social: espíritu lúdico y competitivo; voluntad, coraje, esfuerzo, perseverancia, disciplina, jovialidad, humildad, confianza, cooperación, solidaridad, etc. son valores alcanzables con una iniciación adecuada (Turro, 2013).

Dada la **pasión** deportiva que tiene habitualmente el alumnado, hace que el aprendizaje lo interiorice mucho mejor, aumente su atención o su capacidad de procesar la información que se les transmite. Se sienten a gusto aprendiendo, quieren saber más, quieren mejorar. Debemos utilizar esta característica para que **aprendan valores y normas** de socialización que van a poder generalizar a otros ámbitos de su vida y que van a ayudar a formar la personalidad que se está desarrollando y que poco a poco irá mostrándonos qué adultos van a ser (Roldán, 2015).

La práctica deportiva con los escolares debe ayudar al **desarrollo integral** de éstos. El deporte puede ser un medio de gran valía siempre que el docente sepa quitarle los "vicios o contaminaciones" del deporte competitivo: ganar como sea, violencia, trampas, presión, discriminación, rendimiento, rigidez, disciplina extrema, etc. El deporte escolar debe ser lo contrario. González Lozano (2001), expone la siguiente tabla de "valores y contravalores" que tiene el deporte en función de cómo se **oriente** el mismo.

VALORES	CONTRAVALORES
- Salud y socialización - Recreación y creación - Libertad y solidaridad - Constancia, no violencia y paz	- Violencia y manipulación - Consumismo - Triunfalismo - Dopaje

b) **Aportaciones específicas de los deportes individuales**.

No debemos olvidar que el deporte es otro medio más en la educación del alumnado, pero no todos los deportes aportan lo mismo. Dependerá de sus características. Siguiendo a Giménez, (2003), destacamos:

- Conocimiento de las posibilidades y limitaciones propias
- Espíritu de sacrificio y superación, además del autocontrol y la responsabilidad
- Desarrollo del autoconcepto y autoestima
- Buen medio para mejorar la condición física

c) **Aportaciones específicas de los deportes colectivos**.

El deporte cumple con el valioso deber de ofrecer una estructura lúdica, que es capaz de conectar el microcosmos **personal** con el macrocosmos **social** (Paredes, 2003).

Giménez (2003), citando a Cagigal (1979) y otros, indica las siguientes:

- **Mecánicas**. A mayor conocimiento técnico-táctico de las acciones motrices de cada deporte, mayor preparación para dar solución a los problemas motrices que se planteen.
- **Psicomotrices**. Hay mejoras en la condición física y motriz de los practicantes. Los tres mecanismos del acto motor (percepción, decisión y ejecución), están presentes en el deporte, aunque en los individuales (atletismo, natación, etc.) tienen menor riqueza que los colectivos (baloncesto, fútbol, etc.)
- **Morales**. Superación de situaciones de fatiga, incomodidad, etc. Respeto a las reglas, compañeros y contrarios. El juego limpio, la cooperación, etc.
- **Superación ante la derrota**. Es otra experiencia básica para las relaciones diarias.
- **Aportaciones intelectuales**. Búsqueda de nuevas soluciones a los problemas que se planteen; la capacidad de observación, comprensión y análisis... Acceso a uno de los bienes culturales más característicos de nuestra época.

d) **Aportaciones específicas de los deportes de adversario**.

- Gran riqueza **motriz** y mejora de los aspectos **cognitivos**
- Desarrollo de la **velocidad** y perfeccionamiento de las habilidades **perceptivas**
- Eliminación de **tensiones** (función catártica)

3. DEPORTES INDIVIDUALES Y COLECTIVOS MÁS PRESENTES EN LA ESCUELA: ASPECTOS TÉCNICOS Y TÁCTICOS MÁS ELEMENTALES; SU DIDÁCTICA.

Giménez, (2003), basándose en autores tales como Weineck, Manno y Hernández Moreno (1995), entre otros, indica que **técnica individual** es *"la realización de un gesto deportivo por parte de un solo jugador, de la forma más correcta posible y sin la influencia de factores que puedan influir en la realización del acto motor"*. Son los fundamentos prácticos de un deporte. Por ejemplo, tiro libre en baloncesto. Hay autores que distinguen entre técnica individual y colectiva.

Táctica se suele definir como la organización de los jugadores en sus acciones ofensivas y defensivas. Por ejemplo, disponer a los seis jugadores de campo, en Balonmano. Hay autores que especifican entre táctica individual y colectiva, así como estrategia. Ésta suele definirse como las acciones que realiza un equipo a partir de reiniciar el juego a balón parado. Por ejemplo, al sacar un golpe franco indirecto en fútbol-11.

Didáctica, desde un punto de vista etimológico significa el arte de enseñar. No obstante, también podemos decir que es considerada una ciencia porque investiga y experimenta, nuevas formas y técnicas de enseñanza, que adaptamos según las necesidades del contexto. La de nuestra área es distinta a la de las demás, habida cuenta los contenidos que debemos enseñar, el tipo de "aula" que usamos, el movimiento, etc.

3.1. DEPORTES INDIVIDUALES. ASPECTOS TÉCNICOS Y TÁCTICOS ELEMENTALES. SU DIDÁCTICA.

Los deportes individuales (psicomotrices para algunos autores), tienen unas particularidades y ejecuciones de gestos muy cerradas que no dan lugar a destacar aspectos comunes entre los mismos. **Atletismo, Natación** y **Gimnasia Artística** son muy diferentes entre sí: técnicas, pruebas, el medio, los implementos que utilizan, las exigencias físicas y el reglamento por el que se rigen.

Lo más **destacable** es que se compite contra uno mismo o contra un cronómetro, cinta métrica, etc.

a) **Características de los deportes individuales**.

- Gran protagonismo de la técnica individual y de la condición física.
- Planteamiento táctico muy concreto y específico de la especialidad.
- Se usan móviles variados: jabalina, halteras, vallas, etc., aunque en algunas especialidades únicamente se utiliza el propio cuerpo.
- La acción es solitaria. No hay influencias de compañeros.

b) **Aspectos técnicos de los deportes individuales más presentes en la escuela**.

ATLETISMO.

- **Carreras**. Las hay de velocidad, medio fondo, fondo y gran fondo. En su aprendizaje técnico hay que incidir en la frecuencia, potencia y amplitud de la zancada, así como en la coordinación específica de todos los movimientos. En Primaria nos interesa que el alumnado aprenda a correr, la habilidad de la carrera (De Castro, 2016).
- **Saltos**. Son de altura (incluye pértiga) y longitud (incluye triple). En su trabajo hay que destacar la carrera de aceleración, batida, parábola de vuelo y caída.
- **Lanzamientos**. Los hay de rotación, por ejemplo el disco y en traslación, por ejemplo la jabalina. Los aspectos técnicos a matizar, son la fase de desplazamiento, aceleración, desprendimiento, trayectoria del móvil y frenado.
- **Pruebas Combinadas**. Mezcla de las anteriores, por ejemplo decatlón.

NATACIÓN.

Resalta el hecho de practicarse en el medio acuático, lo que le da unas peculiaridades muy específicas. Poco a poco el número de instalaciones públicas en Andalucía hace que la posibilidad de practicarla como actividad curricular o extracurricular sea más frecuente.

Los **estilos** de la Natación deportiva son: crol, espalda, braza y mariposa. Estas cuatro técnicas requieren el mismo proceso de aprendizaje con las fases siguientes:

Posición corporal → Movimiento de brazos → Movimiento de piernas → Respiración → Coordinación de lo anterior.

Como **principios** en la enseñanza de la Natación se contemplan a:

Familiarización → Flotación → Respiración

GIMNASIA ARTÍSTICA.

Tanto la masculina como la femenina se basan -sobre todo- en saltos, suspensiones, equilibrios, y giros/volteos de todo tipo acompañados de gran dominio corporal (coordinación y equilibrio).

La Gimnasia **Rítmica**, únicamente femenina, además del ajuste del propio cuerpo debe tener en cuenta los móviles que utiliza (pelota, cuerda, maza, aro...) y la coordinación de gestos con el resto del grupo en caso de hacer esta especialidad de equipo. Independientemente de todo esto, la base se encuentra en la percepción rítmica.

Su iniciación escolar debe centrarse en los ejercicios de suelo: volteos, equilibrios y enlaces, así como la iniciación a los saltos, todo ello con las debidas **precauciones**.

c) **Aspectos Tácticos de los deportes individuales más presentes en la escuela**.

Tienen un desarrollo táctico muy escueto. Se trata, normalmente, en la distribución razonable de la condición física y motriz del actuante durante el transcurso de la prueba. No olvidemos que el alumnado de primaria suele ser muy generoso en el esfuerzo, lo que le lleva a "vaciarse" desde un principio sin pensar en la duración de la prueba, sobre todo en aquellas que son de resistencia. En muchos casos la táctica de los deportes individuales tiene como finalidad **conseguir ventajas**, por ejemplo, la cuerda o zona interna de una calle de atletismo, seguir hasta un determinado punto en el pelotón, etc. (De Castro, 2016). En cambio, las acciones tácticas para **evitar desventajas** se basan en reaccionar prontamente a las acciones de los contrarios.

3.1.1. SU DIDÁCTICA.

Ante todo debemos pensar en las características psico-biológicas del alumnado, intereses, etc. antes de afrontar el aprendizaje. Siguiendo a Sánchez-Bañuelos, (1990) y a Zagalaz, Cachón y Lara (2014), la metodología a emplear en la iniciación a los deportes individuales o psicomotrices se basa en estas fases:

1ª.- **Presentación** global del deporte. Informar sobre reglas, objetivos, etc.

2ª.- **Familiarización** perceptiva. Conocer las características más básicas, dónde se practica, espacios, tipos, etc.

3ª.- Enseñanza de **modelos técnicos** de ejecución. Aprender la técnica en el momento oportuno. Ejecución de ejercicios técnicos. Se hará un tipo de práctica global, analítica o mixta, según las circunstancias.

4ª.- **Integración** de los modelos técnicos en las situaciones básicas de aplicación. El alumnado debe comprender la utilidad de cada fundamento. Plantear situaciones próximas a la situación real.

5ª.- Formación de los **esquemas** básicos de decisión (cuándo y de qué manera se emplean las técnicas aprendidas) o fase de la táctica individual y de la anticipación cognitiva.

Todo ello debemos tratarlo a través de juegos simples.

3.2. DEPORTES COLECTIVOS. ASPECTOS TÉCNICOS Y TÁCTICOS ELEMENTALES. SU DIDÁCTICA.

Los deportes de equipo, debido a los **componentes** que los constituyen, tienen mucha importancia en la educación **motriz** de nuestro alumnado. Es un conjunto de dos o más personas que interactúan de forma dinámica, interdependiente y adaptativamente, con respecto a un objetivo y donde cada componente tiene un rol concreto que debe coordinar con los demás (Álvarez Medina, 2011).

a) **Características de los deportes colectivos**.

Blázquez (2013), cita a Bayer (1986) las analiza así:

1.- **Móvil** para lanzarlo, botarlo, pasarlo, golpearlo, etc.

2.- **Terreno** de juego donde se desarrolla la acción y que está limitado por líneas.

3.- **Meta** para defender o atacar, poner o lanzar el balón y conseguir punto.

4.- **Compañeros** que nos ayudan para progresar con el balón y para defender nuestra meta.

5.- **Adversarios** a los que hay que superar y ganar.

6.- **Reglamento** que es preciso respetarlo para el buen desarrollo del juego.

Otros autores llaman a los puntos anteriores la "**estructura formal**" y a la acción del juego la "**estructura funcional**", es decir, la interrelación entre los elementos anteriores, técnica y táctica; ataque y defensa; cooperación y oposición entre los jugadores.

El juego está determinado por la posesión o no del **balón**. El equipo que posee el balón es el atacante. El equipo que no lo tiene en su poder es el defensor.

En función de ello, Ruiz, García y Casimiro (2001) indican tres **objetivos** básicos en el juego:

EQUIPO EN POSESIÓN DEL BALÓN	EQUIPO SIN POSESIÓN DEL BALÓN
- Conservarlo - Progresar hacia la meta contraria - Conseguir punto o tanto	- Recuperar el balón - Impedir el avance del contrario - Defender la portería propia

Cada deporte, según sus características reglamentarias, intentará conseguir estos objetivos de forma **distinta**. Los reglamentos **condicionan** espacios, zonas prohibidas, limitadas, etc.

b) **Aspectos técnicos y tácticos de los deportes colectivos más presentes en la escuela**.

En unas tablas los resumimos:

FÚTBOL SALA	BALONMANO
- Características y reglamento - **Elementos técnicos ofensivos**: . Manejo de balón, toque, conducción, control, tiro, remate, fintas. - **Elementos técnicos defensivos**: . Interceptaciones (entrada, desvío, cortes). . Carga, anticipación, acoso, repliegue - Técnica específica del portero - **Aspectos tácticos**: . Defensa individual: Anticipación; Marcaje; . Organización de ataque: desmarques, rombo y cuadrado.	- Fundamentos del juego. Reglamento. - Posiciones de base: ofensiva y defensiva - **Elementos técnicos básicos**: . Forma de coger el balón, recepción; . Desplazamiento con balón, pase, bote; . Lanzamiento, finta, blocaje, técnica específica del portero. - La defensa: recuperar balón, evitar gol. - El ataque: conseguir gol, ocupar los espacios libres - **Táctica ofensiva**: 3-3; etc. - **Táctica defensiva**: 6-0; 5-1; etc.

VOLEIBOL	BALONCESTO

- Fundamentos del juego. Reglamento.
- **Técnica individual**:
- Posiciones básicas: media, alta y baja.
- Desplazamientos:
  . Doble paso
  . Pasos laterales
  . Carrera
- El saque:
  . Bajo
  . Tenis
  . Flotante
- Toque de dedos:
  . Adelante
  . Atrás
  . Lateral
- Remate
- Bloqueo
- Toque de antebrazos
- Caídas y planchas
- **Táctica**:
  . 3-1-2; 3-2-1
- **Táctica de recepción**:
  . W
  . Semicírculo
	- Fundamentos del juego. Reglamento
	- **Técnica individual de ataque**:
	. Dominio del balón, posición básica de ataque, desplazamientos, cambio de ritmo, paradas en 1 y 2 tiempos, dribling, recepción del balón.
	. Pases: pecho, bote, béisbol, etc.
	. Tiro: estático y en suspensión
	. Fintas, rebote
	- **Técnica individual defensiva**:
	. Posición básica y desplazamiento; marcaje; interceptación; tapón; defensa individual
	- **Técnica colectiva de ataque**:
	. Bloqueo, pantalla
	- Técnica colectiva de defensa: defensa del bloqueo, ayuda y recuperación.
	- **Táctica individual de ataque**:
	. Cortes, pantalla.
	- **Táctica individual de defensa**: Ayuda.
	- **Táctica colectiva de ataque**: acciones de ataque, contraataque, sistemas de ataque.
	- **Táctica colectiva de defensa**: zona individual, mixta.
	. Defensa del contraataque

Nota:

En Primaria hay que expresarlos en su versión "mini": Mini-Basket, Mini-Voley, Fútbol-7, etc. Además, escogeremos los elementos más fundamentales.

3.2.1. SU DIDÁCTICA.

La utilización del deporte en la escuela viene **justificada** por la mejora de todos los **ámbitos** de la persona: cognitivo, afectivo, psico-social y motor y por las **peculiaridades** del alumnado de **Tercer Ciclo** de Primaria, que son las adecuadas para iniciar el proceso de enseñanza deportiva adaptada a sus características biológicas y psicológicas (Chinchilla y Romero, 1995).

a) **Etapas en la iniciación deportiva.**

Iniciación deportiva es el "*periodo en el que el individuo empieza a aprender de forma específica la práctica de un deporte*" (Blázquez, 2013), aunque en parecidos términos se expresan Zagalaz, Cachón y Lara (2014) y Avella, Maldonado y Ram, (2015). En cambio, si seguimos a Delgado (1994), la iniciación "*es un proceso que dura desde el aprendizaje inicial y su progresivo desarrollo, hasta que el educando pueda aplicar lo aprendido a una situación real de juego de forma eficaz*".

Giménez (2003), indica una serie de puntos a tener en cuenta a la hora de iniciar al alumnado a los deportes colectivos:

- Enseñar los contenidos básicos con un aprendizaje variado, sin especialización
- Empezar entre los 8 y 10 años, siempre y cuando tengan una buena base motriz

En la bibliografía especializada existen muchos modelos de etapas para la iniciación. En realidad, lo que difiere son los apelativos de aquéllas y las sub-etapas que comprende. Por ejemplo, Feu e Ibáñez (2001), nombran a Jolibois (1975), Sánchez (1986), Hahn (1988), Pintor (1989), Antón (1990), Torrescusa (1992), Díaz (1995), Viciana (1997), Hernández Moreno (2000), Álvarez Medina (2011), Blázquez (2013), Soriano (2015)...

La mayoría de autores convienen que en la iniciación se dan **tres fases**:

ETAPA	IDEA GLOBAL	CRITERIO GENERAL	OBJETIVOS	METODO DE TRABAJO
Inicio o Básica 8 a 10 años	No es imprescindible pensar en la técnica deportiva. Los elementos técnicos forman parte del cúmulo general de actividades.	Desarrollo de las habilidades básicas y genéricas. Sin especificar.	Conseguir un alto nivel psicomotor.	- Educación Física de Base. - Método Natural - Juegos.
Desarrollo 11 a 14 años	Utilización de los elementos no complejos de la técnica deportiva, los más simples. Enseñanza global.	Progresar en dificultades dentro de la coordinación para conseguir la ejecución de la técnica estándar de los elementos fundamentales.	Conseguir la asimilación de los elementos básicos. Saber ejecutarlos.	- Educación Física - Juegos. - Ejercicios de aprendizaje.
Perfeccionamiento + de 15 años	Perfeccionar los elementos más simples e introduciendo los más complejos. Se introduce la competición como elemento educativo.	Seguir la progresión lógica dentro de cada técnica. Información sobre las bases teóricas de la ejecución.	Perfeccionar los elementos básicos. Conseguir un buen nivel de ejecución. Conocimiento de los elementos que rodean al deporte.	- Juegos competitivos - Ejercicios de asimilación. - Ejercicios de perfeccionamiento.

En la tabla anterior podemos observar que la iniciación puede producirse mucho **antes** que el sujeto tome contacto con el deporte concreto, por ejemplo al aprender la destreza del bote, indirectamente está aprendiendo el bote en baloncesto (Hernández Moreno, 2000).

Giménez (2000) incorpora un cuadro-resumen con las clasificaciones de las etapas, sub-etapas y sus edades que hacen algunos autores:

SÁNCHEZ BAÑUELOS	PINTOR	SÁENZ-LÓPEZ Y TIERRA
Iniciación 9 - 13 a.	1ª E. de iniciación 8 -12 a.	1ª E. Formación básica 0 - 4
		2ª E. Formación básica 4 – 7
	2ª E. de iniciación 12 - 14 a.	1ª E. Iniciación deportiva 7 – 10
		2ª E. Iniciación deportiva 10-12
Desarrollo 14 - 20 a.	1ª E. Perfeccionamiento 14 -18 a.	1ª E. Perfeccionamiento 12-16
	2ª E. Perfeccionamiento 18 - 22 a	2ª E. Perfeccionamiento 16-19
Perfeccionamiento 21 - 30 a.	Alta especialización 22 - 30 a.	E. de Máximas prestaciones +19

La iniciación deportiva precoz es un fenómeno nuevo que se origina por la rentabilidad política de los resultados, y se agrava con los intereses comerciales (Personne, 2005).

No podemos olvidar que hoy día la iniciación deportiva en la escuela tiene un componente de "**presión social**" muy grande (Soriano, 2015). Ciertas familias desean que sus hijos se inicien a los 5 ó 6 años con objeto de saber si tienen un "talento" deportivo en casa (Cañizares y Carbonero, 2007).

b) **La enseñanza de los deportes colectivos**.

A partir de 1990 llegan nuevos modelos de enseñanza del deporte como alternativa al tradicional o técnico, vigente desde siempre (Robles, 2009). A partir del modelo Vertical, centrado en el juego (sobre un solo deporte), ya no se recurre a la técnica como elemento central sino al juego simplificado y al mini-deporte, tanto para el aprendizaje técnico como táctico (Álvarez Medina, 2011).

b.1) **Métodos tradicionales o técnicos.**

Están construidos sobre la base del entrenamiento deportivo y son de escasa rentabilidad pedagógica y didáctica. Se basan en **repetir** continuamente el modelo propuesto por el docente hasta su automatización (Castejón y otros, 2013). El aislamiento de la ejecución crea situaciones artificiales que, niñas y niños, inmersos en la fase de operaciones concretas, no son capaces de asimilar porque les parece carente de lógica. Además, hay mucho **directivismo** por parte del docente, con explicaciones detalladas y enfocadas a la ejecución, quedando la creatividad del alumnado anulada. Es llamado "método del puzzle", porque cada día se automatiza analíticamente una "pieza" sin que ésta tenga ligazón con las demás. (Ruiz, García y Casimiro, 2001).

b.2) **Métodos activos o globales.**

Aquí, al contrario que antes, la práctica deportiva no es una suma de técnicas, sino un sistema de **relaciones** entre los elementos del juego, lo que permite determinar la estructura de estas actividades. Si las pedagogías tradicionales ponen su énfasis en los elementos técnicos y gestuales, en las activas destacan las **relaciones** que se establecen entre estos elementos (Castejón y otros, 2013). La fundamentación de esta corriente metodológica se basa en el paradigma ecológico del aprendizaje motor y en los modelos de aprendizaje constructivista y significativo aplicados a la Educación Física (Ruiz, García y Casimiro, 2001). Para ello, Blázquez (2013), señala una serie de principios:

- Partir de la **totalidad** y no de las partes.
- Comenzar desde la **situación real** o de juego.
- El educador deberá enfrentar al practicante, de forma individual o grupal, con situaciones **problema** entroncadas en las actividades deportivas.
- Los gestos técnicos corresponden a un comportamiento **general o grupal** (deportes colectivos).

Esta concepción toma en consideración al **juego** como elemento fundamental, a partir de la cual se elabora todo el proceso didáctico, **rechazando** el modelo adulto y su descomposición (Ortega, 2015). La actividad practicada por el niño o niña debe ser siempre el punto de partida, tanto si aquélla nace del seno del grupo, como si es propuesta por el docente. El **progreso** se efectúa por **reorganización de estadios** (Ortega, 2015).

Esta metodología de la iniciación deportiva postula una técnica de enseñanza (información inicial y conocimiento de resultados), que debe favorecer la **autonomía** y la **creatividad** del alumnado, por lo que debe basarse en la **indagación** y no inducir al alumnado a situaciones preestablecidas (Martínez y Díaz, 2008).

Entre las diversas propuestas metodológicas actuales que se engloban en esta "línea activa", destacamos a dos grandes modelos (Lozano, 2012):

- **Modelos Verticales** (Contreras y García, 2011).

La enseñanza de un deporte debe ser especializada desde sus inicios. Son aquellos que se plantean para una sola especialidad deportiva, atendiendo a las peculiaridades que la diferencian de otras.

Empieza su enseñanza por los gestos más sencillos, como el pase y la conducción, aplicada en juegos reales **reducidos** o **simplificados**, donde aparecen otros elementos de orden táctico como el marcaje y la ocupación del espacio, para pasar a una segunda fase en la que se trabaja a través de la aplicación de mini deportes. Finalmente el proceso termina con el aprendizaje específico del deporte estándar. Si algún practicante tiene problemas de tipo técnico en alguna de las fases, pasaremos a un modelo analítico de enseñanza fuera del juego de forma eventual, hasta el punto en que el alumno logre superar el objetivo planteado en el punto en el que se detuvo el proceso.

- **Modelos Horizontales** (Contreras y García, 2011).

Los deportes de equipo poseen unos elementos **comunes** que permiten una acción pedagógica genérica, capaz de facilitar la práctica de cada especialidad deportiva (Devís, 1996). Este modelo consiste en agrupar esos fundamentos iguales de los deportes para obtener una progresión coherente y eficaz en su aprendizaje. De esta forma, deportes como baloncesto y balonmano, o tenis y bádminton, tendrían una primera fase de aprendizaje general o común (Bengué, 2005). El docente debe hacer previamente análisis profundo de aquellos elementos constantes que se dan en los deportes a practicar para construir una estructura pedagógica para la iniciación deportiva (Blázquez, 2013).

Dentro de los modelos Horizontales destacamos **dos corrientes**: "Reflexiva y Comprensiva"

- **C. Reflexiva** (Blázquez, 2013 y Lasierra y Lavega, 1993).

Sigue la tradición alemana de Mahlo y Döbler y la francesa de Claude Bayer y Parlebas, entre otros, de los llamados pre-deportes y deportes reducidos. Tiene en cuenta las características del grupo, maduración, experiencias previas, etc. y sus aspectos más significativos son que la técnica y la táctica se deducen de las situaciones de juego, y la evolución se produce de forma contextualizada.

Tras explicar escuetamente las reglas más básicas, empieza con un juego real y global en situación reducida, si bien a medida que sigue la acción se introducen nuevas reglas. Posteriormente se para con objeto de que los jugadores propongan organizaciones tácticas; después se vuelve a jugar, y esta cadencia se repite sucesivamente.

- **C. Comprensiva** (Devís y Peiró, 1992).

Se pretende que el alumno conozca la naturaleza de los juegos deportivos a partir de la clasificación de Almond (1986): juegos de diana (bolos); de bate y campo (béisbol); cancha dividida y red (bádminton) y juegos deportivos de invasión (fútbol). Cada grupo de estos juegos tiene similitudes sobre tácticas, interacciones entre compañeros y contrarios, etc. Estos autores propugnan una enseñanza integrada de cada uno de estos conjuntos, es decir, lo contrario de los modelos verticales (Méndez y Fernández-Río, 2009). Velázquez (2011) y Castejón y otros (2013) indican la necesidad de buscar nuevas vías y formas de investigación al aplicar esta corriente, que puedan aumentar el conocimiento sobre los procesos de enseñanza deportiva que tienen lugar en los centros escolares. Por su parte, Díaz del Cueto y Castejón (2011), exponen las dificultades que manifiesta el profesorado con experiencia para la implementación de la enseñanza comprensiva, por lo que en muchas ocasiones no sigue este modelo.

El enfoque comprensivo establece las siguientes **fases**:

■ Fase 1. Juegos deportivos modificados. Enseñanza de fundamentos tácticos a través de juegos deportivos modificados: de blanco, de cancha dividida, etc.
■ Fase 2. Transición. Práctica combinada de juegos modificados, de situaciones de juego y de mini deportes.
■ Fase 3. Introducción a los deportes estándares. Enseñanza específica de las modalidades deportivas escogidas.

- **Modelo de Blázquez** (2013)

Blázquez (2013), indica un "**método común**" para la enseñanza deportiva escolar. Tras explicar las reglas más básicas, comienza el "**juego simple**", siempre con pocos alumnos. Después de unos minutos se para y el docente propone unas "**situaciones pedagógicas o de enseñanza**", es decir, juegos de aplicación a determinados aspectos técnicos-tácticos, por ejemplo el pase, donde los alumnos pueden opinar y proponer soluciones. Se observa y discute por el grupo. Después se vuelve a la actividad con un "**juego global evolucionado**", que es el juego anterior pero con las mejoras producidas al aplicar la "situación pedagógica". De nuevo se para y el docente vuelve a proponer otros juegos aplicados a otros aspectos, por ejemplo el bote, que se observa, se practica y discute entre todos. Después se vuelve a practicar un "juego global evolucionado", y así sucesivamente.

Debemos destacar la metodología de su enseñanza, que en los últimos años ha pasado de ser la habitual o tradicional basada en el análisis de todos los gestos a una más globalizada y basada en la práctica lúdica y simplificada de la especialidad deportiva que se trate desde el primer momento.

Por otro lado, recalcar la motivación intrínseca que tienen todos los contenidos deportivos en la Etapa Primaria.

El deporte, adaptado, que debemos hacer en la escuela es el que sea más habitual en el entorno y del que dispongamos instalaciones y recursos móviles. Enseñaremos aquellos elementos técnicos y tácticos más elementales y así olvidarnos del modelo del "campeón".

También es de acentuar la importancia de observar previamente que el alumnado tenga adquiridas sus habilidades perceptivas, básicas y genéricas.

CONCLUSIONES

A lo largo del Tema hemos visto el deporte y la iniciación deportiva en Primaria. Debemos destacar la metodología de su enseñanza, que en los últimos años ha pasado de ser la habitual o tradicional basada en el análisis de todos los gestos a una más globalizada y basada en la práctica lúdica y simplificada de la especialidad deportiva que se trate desde el primer momento.

El juego deportivo es un recurso imprescindible en esta etapa como situación de aprendizaje, acordes con las intenciones educativas, y como herramienta didáctica por su carácter motivador. Las propuestas didácticas deben incorporar la reflexión y análisis de lo que acontece y la creación de estrategias para facilitar la transferencia de conocimientos de otras situaciones.

Por otro lado, recalcar la motivación intrínseca que tienen todos los contenidos deportivos en la Etapa Primaria.

El deporte, adaptado, que debemos hacer en la escuela es el que sea más habitual en el entorno y del que dispongamos instalaciones y recursos móviles. Enseñaremos aquellos elementos técnicos y tácticos más elementales y así olvidarnos del modelo del "campeón".

También es de acentuar la importancia de observar previamente que el alumnado tenga adquiridas sus habilidades perceptivas, básicas y genéricas.

BIBLIOGRAFÍA

- ÁLVAREZ MEDINA, J. (2011). *Los deportes colectivos: teoría y realidad. Desde la iniciación al rendimiento.* Prensas Editoriales de Zaragoza. Zaragoza.
- AVELLA, R.; MALDONADO, C.; RAM, S. (2015). *Entrenamiento deportivo con niños.* Kinesis. Armenia (Colombia).
- BAYER, C. (1986). *La enseñanza de los juegos deportivos colectivos.* H. Europea. Barcelona.
- BENGUÉ, L. (2005). *La enseñanza de los deportes de equipo.* INDE. Barcelona.
- BLÁZQUEZ, D. (1986). *Iniciación a los deportes de equipo.* Martínez Roca, Barcelona.
- BLÁZQUEZ, D. (1995). *Métodos de enseñanza en la práctica deportiva*, en BLÁZQUEZ, D. et al. (1995). *La Iniciación deportiva y el deporte escolar.* INDE. Barcelona.
- BLÁZQUEZ, D. (2001). *La Educación Física.* INDE. Barcelona.
- BLÁZQUEZ, D. (2013). *Iniciación a los deportes de equipo.* INDE. Barcelona.
- CAGIGAL, J. Mª. (1979). *Cultura intelectual y cultura física.* Kapelusz. Buenos Aires.
- CAÑIZARES, J. Mª y CARBONERO, C. (2007). *Temario de Oposiciones de Educación Física para Primaria.* Wanceulen. Sevilla.
- CASTEJÓN, F. -coor.- (2003). *Iniciación deportiva. La enseñanza y el aprendizaje comprensivo en el deporte.* Wanceulen. Sevilla.
- CASTEJÓN, F. J. y otros. (2013). *Investigaciones en formación deportiva.* Wanceulen. Sevilla.
- CHINCHILLA, J. L. y ROMERO, O. (1995). *Iniciación Deportiva en Educación Primaria.* Encasa. Málaga.
- CONTRERAS, O. R. y GARCÍA, L. M. (2011). *Didáctica de la Educación Física. Enseñanza de los contenidos desde el constructivismo.* Síntesis. Madrid.
- DE CASTRO, A. (2016). *"El atletismo en la escuela a través de la Educación Física".* Narcea Ediciones. Madrid.
- DELGADO, M. A. (1994). *La actividad física en el ámbito educativo.* En Gil, J. y Delgado, M. A. (1994). *Psicología y Pedagogía de la actividad física y el deporte.* Siglo XXI. Madrid.
- DEVIS, J. y PEIRÓ, C. (1992). *Nuevas perspectivas curriculares: la salud y los juegos modificados.* INDE. Barcelona.
- DEVIS, J. y PEIRÓ, C. (1995). *Enseñanza de los deportes de equipo: la comprensión en la iniciación de los juegos deportivos.* En BLÁZQUEZ, D. *La iniciación deportiva y el deporte escolar.* INDE. Barcelona.
- DEVIS, J. Y SÁNCHEZ, R. (1996) *La enseñanza alternativa de los juegos deportivos: antecedentes, modelos actuales de iniciación y reflexiones finales.* En MORENO, J. A. y RODRÍGUEZ, P. L. (comps). *Aprendizaje deportivo.* Universidad de Murcia. Murcia.
- DÍAZ DEL CUETO, M. y CASTEJÓN, F. (2011). *La enseñanza comprensiva del deporte: dificultades del profesorado en el diseño de tareas y en la estrategia de pregunta-respuesta.* Revista Tándem, nº 37, págs. 31-41. Madrid.
- EXPÓSITO, J. (2006). *El juego y el deporte popular, tradicional y autóctono.* Wanceulen. Sevilla.
- FEU, S. e IBAÑEZ, S. (2001). *La planificación de objetivos y contenidos en la iniciación deportiva en la edad escolar.* En Libro de Actas del IV Congreso Internacional sobre la enseñanza de la Educación Física y el Deporte escolar, p.p. 573-578. Santander.
- GIMÉNEZ, F. J. (2000). *Fundamentos básicos de la Iniciación Deportiva en la escuela.* Wanceulen. Sevilla.

- GIMÉNEZ, F. J. (2003). *El Deporte en el marco de la Educación Física*. Wanceulen. Sevilla.
- GÓMEZ MORA, J. (2003). *Fundamentos biológicos del ejercicio físico*. Wanceulen. Sevilla.
- GONZÁLEZ LOZANO, F. (2001). *Educar en el deporte*. CCS. Madrid.
- HERNÁNDEZ MORENO, J. (1995). *Fundamentos del deporte. Análisis de la estructura del juego deportivo*. INDE. Barcelona.
- HERNÁNDEZ MORENO, J. (Dir.) (2000). *La iniciación a los deportes desde su estructura y dinámica*. INDE. Barcelona.
- JUNTA DE ANDALUCÍA (2007). Ley 17/2007, de 10 de diciembre, de Educación de Andalucía (L. E. A.). B. O. J. A. nº 252, de 26/12/07.
- JUNTA DE ANDALUCÍA (2015). *Decreto 97/2015, de 3 de marzo, por el que se establece la ordenación y las enseñanzas correspondientes a la Educación primaria en Andalucía*. B. O. J. A. nº 50, de 13/03/2015.
- JUNTA DE ANDALUCÍA. (2015). *Orden de 17 de marzo de 2015, por la que se desarrolla el currículo correspondiente a la Educación Primaria en Andalucía*. B. O. J. A. nº 60, de 27/03/2015.
- JUNTA DE ANDALUCÍA (2006). *Orden de 6 de abril, por la que se regula la organización y el funcionamiento de los centros docentes públicos autorizados para participar en el programa "El deporte en la escuela"*. BOJA nº 84, de 05/05/2006.
- JUNTA DE ANDALUCÍA (2010). *Orden de 03 agosto de 2010, por la que se regulan los servicios complementarios de la enseñanza de aula matinal, comedor escolar y actividades extraescolares en los centros docentes públicos, así como la ampliación de horario*. BOJA núm. 158 de 12/08/2010.
- JUNTA DE ANDALUCÍA (2014). *Orden de 05/11/2014, por la que se modifica la de 3 de agosto de 2010, por la que se regulan los servicios complementarios de la enseñanza de aula matinal, comedor escolar y actividades extraescolares en los centros docentes públicos, así como la ampliación de horario*. (BOJA nº 233, de 28/11/2014).
- LASIERRA, G. y LAVEGA, P. (1993): *1015 juegos y formas jugadas de iniciación a los deportes de equipo*. Paidotribo. Barcelona.
- LOZANO, J. R. (2012). *Hándbol, la enseñanza del deporte a través del método global*. Paidotribo. Barcelona.
- M.E.C. (2013). *Ley Orgánica 8/2013, de 9 de diciembre, para la mejora de la calidad educativa*. BOE Nº 295, de 10/12/2013.
- M. E. C. (2006). *Ley Orgánica 2/2006, de 3 de mayo, de Educación (L. O. E.)*. B. O. E. nº 106, de 04/05/2006, modificada por la LOMCE/2013.
- M. E. C. (2010). *Real Decreto 132/2010, de 12 de febrero, por el que se establecen los requisitos mínimos de los centros que impartan las enseñanzas del segundo ciclo de la educación infantil, la educación primaria y la educación secundaria*. B.O.E. nº 62, de 12/03/2010.
- M. E. C. *ECD/65/2015, O. de 21 de enero, por la que se describen las relaciones entre las competencias, los contenidos y los criterios de evaluación de la educación primaria, la educación secundaria obligatoria y el bachillerato*. B.O.E. nº 25, de 29/01/2015.
- MARTÍNEZ, A. y DÍAZ, P. (2008). *Creatividad y deporte*. Wanceulen. Sevilla.
- MÉNDEZ, A. y FERNÁNDEZ-RÍO, J. (2009). *Modelos actuales de Iniciación Deportiva*. Wanceulen. Sevilla.
- NAVARRO, V. (2007). *Tendencias actuales de la Educación Física en España. Razones para un cambio*. (1ª y 2ª parte). Revista electrónica INDEREF. Editorial INDE. Barcelona. http://www.inderef.com
- ORTEGA, P. (2015). *Sesiones de voleibol desde el juego modificado*. Pila Teleña. Madrid.

- ORTEGA, P. y MÍNGUEZ, R. (2001). *Los valores en educación*. Ariel. Barcelona.
- PARLEBÁS, P. (1988). *Elementos de sociología del deporte*. Unisport. Málaga.
- PAREDES, J. (2003). *Teoría del Deporte*. Wanceulen. Sevilla.
- PERSONNE, J. (2005). *El deporte para el niño*. INDE. Barcelona.
- PROYECTO EDELVIVES (1994). *Libro del profesor, 3º Ciclo*. Edelvives. Zaragoza.
- RIERA, J. (2005). *Habilidades en el deporte*. INDE. Barcelona.
- ROBLES, J. (2009). *Tratamiento del deporte dentro del Área de Educación Física durante la etapa de Educación Secundaria Obligatoria en la provincia de Huelva*. Tesis doctoral. U. de Huelva.
- ROLDÁN, E. (2015). *¿Entrenas o educas?*. MC SPORTS. Pontevedra.
- RUIZ, F.; GARCÍA, A. y CASIMIRO, A. J. (2001). *La iniciación deportiva basada en los deportes colectivos*. Gymnos. Madrid.
- SÁENZ-LÓPEZ, P. (2002). *La Educación Física y su Didáctica*. Wanceulen. Sevilla.
- SÁNCHEZ BAÑUELOS, F. (1992). *Bases para una didáctica de la Educación Física y el Deporte*. Gymnos. Madrid.
- SEIRUL.LO, F. (1995). *Valores educativos del deporte*. En BLÁZQUEZ, D. *La iniciación deportiva y el deporte escolar*. INDE. Barcelona.
- SORIANO, M. (2015). *El deporte en la infancia. Enseñar, entrenar y competir sin dejar de aprender, educar y disfrutar*. INDE. Barcelona.
- TURRO, G. (2013). *El valor de superarse. Deporte y Humanismo*. Proteus. Barcelona.
- VELÁZQUEZ, R. (2011). *El modelo comprensivo de la enseñanza deportiva*. Revista Tandem, nº 37, págs. 7-19. Madrid.
- VV. AA. (2006). *El Deporte en la Escuela*. En Actas del IV Congreso Nacional Deporte en la Edad Escolar. P. M. D. Ayuntamiento de Dos Hermanas.
- VV. AA. (2008). *Educación en valores a través de deporte*. Wanceulen. Sevilla.
- WERNER, P. y ALMOND, L. (1990). *Models of games education*. Journl of Physical Education, Recreation and Dance, 41 (4): 23-27.

WEBGRAFÍA (Consulta en octubre de 2015).

http://www.agrega2.es
http://recursos.cnice.mec.es/edfisica/
http://www.ite.educacion.es/es/recursos
www.juntadeandalucia.es/educacion/descargasrecursos/curriculo-primaria/index.html
http://www.gobiernodecanarias.org/educacion/webdgoie/
http://www.educarex.es/web/guest/apoyo-a-la-docencia
http://www.educa2.madrid.org/educamadrid/servicios
http://www.educa.jccm.es/educa-jccm/cm/recursos
http://www.educa.jcyl.es/profesorado/es/recursos-aula
http://www.educastur.es
http://www.adideandalucia.es
http://recursostic.educacion.es/primaria/ludos/web/index.html

www.ingramcontent.com/pod-product-compliance
Lightning Source LLC
Chambersburg PA
CBHW080457170426
43196CB00016B/2841